CATALOGUE

DE

TABLEAUX

ANCIENS

*Collection de M. De N****

Dont la Vente aura lieu

HOTEL DROUOT, SALLE N° 1

Le Lundi 12 Avril 1869

A DEUX HEURES.

EXPOSITIONS :

PARTICULIÈRE : LE SAMEDI 10 Avril 1869;
PUBLIQUE : LE DIMANCHE 11 Avril 1869.

DE UNE HEURE A CINQ HEURES

Me CHARLES PILLET	**M. HARO**, peintre-expert
COMMISSAIRE-PRISEUR	CHEVALIER DE LA LÉGION D'HONNEUR
rue Grange-Batelière, 10.	rue Visconti, 14.

CE CATALOGUE SE DISTRIBUE A PARIS

CHEZ

Me CHARLES PILLET	**M. HARO, peintre-expert**
COMMISSAIRE-PRISEUR	CHEVALIER DE LA LÉGION D'HONNEUR
10, rue Grange-Batelière.	14, rue Visconti, et rue Bonaparte, 20.

A Londres,	H. Durlacher, 113, New-Bond street.
—	Goupil et Ce, Southampton street, Strand, 17.
A Bruxelles,	Étienne Leroy, place du Grand-Sablon, 33.
A Amsterdam,	Roos, in het Huis der Hoofden.
A Rotterdam,	A. Lamme, conservateur du Musée.
A Cologne,	Heberlé, marchand d'antiquités.
A Berlin,	Lepke, Unter den Linden, 12.
A Dresde,	Arnold, marchand d'estampes.
A Francfort-s.-Mein,	A. Baer, place Schiller, 3.
A Munich,	Meillinger, marchand de tableaux.
A Vienne,	Maison Goupil, représentant M. Kaeser.
A Saint-Pétersbourg,	Negri père et fils.

CONDITIONS DE LA VENTE

Elle sera faite au comptant.

Les adjudicataires payeront *cinq pour cent* en sus des enchères.

Paris. — Imp. Pillet fils aîné, rue des Grands-Augustins, 5.

Cette collection est composée de tableaux anciens.

Nous citerons seulement les plus importants.

Nous mentionnerons donc plus spécialement : deux CUYP, dont l'un (*Intérieur d'étable*), œuvre capitale, a fait partie de la collection du duc de Morny; un TERBURG, *la Toilette de l'enfant*, un des chefs-d'œuvre du maître; un MOLENAER, beau comme un OSTADE, tableau des plus curieux; deux FYT, sujets de chasse; un OSTADE, *Intérieur de chaumière*; un BOTH d'Italie, tableau de premier ordre dans l'œuvre du maître; plusieurs J. VERNET, parmi lesquels une Marine, *Soleil couchant*, composition décorative et agréable; des VERDUSSEN, BERGHEM, LINGELBACH, ROTTENHAMMER et PAUL BRIL; *la Sortie du cabaret* par

David Téniers, et autres maîtres flamands; puis encore, parmi les peintres primitifs de l'École allemande, Lucas de Leyde, Cranach, Michel Coxcie; dans l'École française, un Nicolas Poussin, composition remarquable.

Tous ces tableaux offrent un intérêt véritable aux artistes, aux critiques et aux amateurs sérieux, par leur authenticité, leur mérite, et en général leur conservation, ce qui, nous l'espérons, nous rendra leur dispersion facile.

HARO.

DÉSIGNATION

BERGHEM

(NICOLAAS)

1 — **Paysage et animaux.**

Au sortir d'une grotte, des pâtres et un muletier conduisent vers le marché leur troupeau.

Ravissant petit tableau, chaude coloration.

Toile. Haut., 38 cent.; larg., 48 cent.

BLOEMEN

(JOHAN OU JULIUS FRANZ VAN, DIT ORIZONTE)

2 — **Paysage italien avec figures et animaux**

Toile. Haut., 80 cent.; larg., 1 mèt.

BOTH

(JAN)

3 — Paysage italien.

En avant, sur un chemin où s'élèvent deux bouquets d'arbres élégants, arrivent un voyageur sur un cheval gris et un autre conduisant par la bride un cheval bai.

Au second plan, une chapelle adossée à des rochers, puis des collines blondes.

A gauche, percée d'horizon, avec de l'eau, des terrains découverts, et, au fond, des montagnes bleu clair.

Effet du soir, après une belle journée d'été.

Signé J. Both.

Les figures sont d'Andries, frère de Jan.

Collection de M. Quarle, à Harlem.

Toile. Haut., 83 cent. larg., 1 mèt. 07 cent.

BREDAEL

(PETER-VAN)

4 — Marché sur une place publique.

Signé en bas, à droite, Peter Van Bredael, 1660.

Toile. Haut., 79 cent., larg., 96 cent.

BRONZINO

(ANGIOLO ALLORI, DIT LE)

5 — **Portrait de jeune homme.**

A mi-corps, tourné vers la gauche ; cheveux noirs et courts, tête énergique. Costume tout noir avec deux pointes de col rabattu. La main gauche met le gant de la main droite.

Fond clair verdâtre.

Bois. Haut., 82 cent.; larg., 59 cent.

CASANOVA

(FRANÇOIS)

6 — **Choc de cavalerie.**

Toile. Haut., 48 cent.; larg. 63 cent.

COXCIE

(MICHEL)

7 — **Portrait de la dame Ritter de Nuremberg.**

Elle est vue de trois quarts, costume du temps : fond de draperie verte.

Bois. Haut., 45 cent.; larg., 35 cent.

CRANACH

(LUCAS)

8 — **Portrait du sire Rustenberg de Ravensburg.**

Il a les mains jointes, des bagues ornent ses doigts, la tête tournée de trois quarts ; il porte barbe et moustaches. Costume du temps, orné de fourrures.

A droite, au-dessus de l'épaule, des armoiries; dans le fond, une draperie verte.

Bois. Haut., 74 cent.; larg., 57 cent.

CUYP

(ALBERT)

9 — **Cheval blanc pommelé.**

Sellé et tenu en bride par un jeune garçon à toque noire et à veste rougeâtre ; il est tourné vers une ouverture qui laisse apercevoir une campagne plate et un ciel gris argentin.

Couleur très-vigoureuse.

Signé à droite, en bas, A. Cuyp.

Provenant d'une collection de Dordrecht.

Bois. Haut., 51 cent.; larg., 60 cent.

CUYP

(ALBERT)

10 — **Intérieur d'étable.**

Une jeune paysanne debout nettoie un vase de cuivre sur un tonneau. A droite, au premier plan, des paniers pleins de fruits, des légumes, des oiseaux morts, des pots. En arrière, quatre vaches attachées dans leurs boxes. A gauche, porte ouverte sur la campagne et par laquelle l'intérieur est inondé de lumière.

Superbe qualité du maître, dans sa seconde période, la plus forte.

Signé en toutes lettres, en bas, à droite.

Bois. Haut. 68 cent. Larg. 90 cent.

DENNER

(BALTHAZAR)

11 — **Portrait de femme.**

En buste, de grandeur naturelle; la tête est coiffée d'une étoffe de soie grise.

Signé et daté, 1730.

Toile. Haut., 42 cent.; larg., 36 cent.

DROLLING

(PÈRE)

12 — **Servante à la fontaine.**

Toile. Haut., 40 cent.; larg., 34 cent.

FERGUSON

(WILLIAM)

13 — **Le Pigeon.**

Sur une tablette, un pigeon blanc suspendu par la patte; une perdrix, une bécasse et des petits oiseaux; une draperie verte à frange d'argent, et des instruments de chasse.

Signe et daté, 1683.

Toile. Haut., 66 cent.; larg., 78 cent.

FETI

(DOMENICO)

?

14 — **La toilette de Vénus et de l'Amour.**

Toile. Haut., 72 cent.; larg., 57 cent.

FYT

(JAN)

15 — **Nature morte. (Oiseaux morts.)**

Toile. Haut., 60 cent.; larg., 74 cent.

FYT

(JAN)

16 — **Nature morte. (Lièvre et oiseaux morts.)**

Pendant du précédent.

Ces deux tableaux sont de la meilleure manière du maître.

Toile. Haut., 60 cent.; larg., 74 cent.

GUARDI

(FRANCESCO

17 — **Paysage avec figures.**

Bois. Haut., 18 cent.; larg., 24 cent.

GUARDI

(FRANCESCO)

18 — **Paysage avec figures. (Ruines.)**

Pendant du précédent.

Bois. Haut., 18 cent.; larg., 24

LANCRET

(NICOLAS)

?

19 — **Le goûter champêtre.**

Toile. Haut., 50 cent.; larg., 60 cent.

LINGELBACH

(JOHANNES)

20 — **Scène de carnaval.**

Provient de la collection du cardinal Fesch.

Toile. Haut., 46 cent.; larg., 39 cent.

LUCAS DE LEYDE

(LUC JACOBSZ DIT)

21 — **Le Fou.**

Ce petit tableau, qui porte le monog. de Lucas de Leyde, offre un grand intérêt par sa composition, la naïveté des figures, sa conservation et son exécution qui est d'une finesse merveilleuse.

Bois. Haut., 15 cent., larg., 11 cent.

MANS

(F.)

22 — **Fête villageoise sur un canal en Hollande.**

Signé et daté **Mans, F. 1693.**

Toile. Haut., 50 cent. Larg. 64 cent.

MARIESCHI

23 — **Vue de Venise (la Douane).**

En avant, quantité de bateaux et des barquettes. Figures très-vives, très-spirituelles.

Toile. Haut., 32 cent.; larg. 49 cent.

MARIESCHI

24 — **Vue de Venise (Santa Maria della Salute).**

L'église est à droite, avec des groupes de personnages sur l'escalier et sur le quai. Barques et gondoles sur le canal.

Toile. Haut., 32 cent.; larg., 49 cent.

MICHEL

25 — **Vue des carrières Montmartre. (Effet d'orage.)**

Etude d'un vigoureux effet, réunissant toutes les qualités du maître.

Haut., 30 cent.; larg., 45 cent.

MOLENAER

26 — **La main chaude.**

Dans une ferme, des paysans sont réunis et jouent à la main chaude.

A gauche, une famille de bourgeois assiste à leurs ébats.

« Nous avons tout lieu de croire que l'homme qui est « debout à gauche, et dont l'exécution est si remarquable « et si énergique, serait le portrait du peintre. »

Chef-d'œuvre du maître.

Signé en bas, à droite.

Bois. Haut., 39 cent.; larg., 67 cent.

NETSCHER

27 — **La proposition.**

Une jeune femme assise s'appuie sur une fenêtre et cause avec une femme âgée qui lui parle de l'extérieur. Divers accessoires, rideaux, bas-reliefs, etc., etc.

Toile Haut., 48 cent.; larg., 39 cent.

OSTADE

28 — **Intérieur d'une chaumière.**

Au premier plan, un fumeur à toque rouge est assis près d'une table et cause avec une vieille; il tient à la main gauche sa pipe.

Dans le fond, des paysans qui se chauffent, d'autres qui s'embrassent.

Divers accessoires, très-habilement touchés, éclairés ainsi que le groupe principal par une fenêtre encadrée dans les lambris.

Bois. Haut., 44 cent.; larg., 62 cent.

PARMESAN

(FRANCESCO MAZZUOLI)

?

29 — **Vénus consolant l'Amour.**

Dans un paysage, qui laisse apercevoir dans le fond une vue de la mer, Vénus assise console l'Amour.

Toile. Haut., 1 mèt. 15 cent. larg., 1 mèt. 15 cent.

PATEL

(PÈRE)

30 — **Paysage.**

Grands arbres au bord de l'eau. Au premier plan, des animaux traversent le gué.

Collection de M. Vrieux, de Marseille.

Toile. Haut., 1 mèt. 11 cent.; larg., 1 mèt. 47 cent.

PATEL

(PÈRE)

31 — **Paysage composé.**

Peinture décorative, rivière marécageuse, ruines rappelant Tivoli, arbres, roseaux et figurines.

Collection de M. Vrieux, de Marseille.

Toile. Haut., 1 mèt. 11 cent.; larg., 1 mèt. 67 cent.

PATER

(JEAN-BAPTISTE-JOSEPH)

32 — **Fête galante.**

Toile. Haut., 53 cent.; larg., 63 cent.

POUSSIN

(NICOLAS)

33 — **La naissance de Bacchus.**

A sa naissance, le jeune dieu fut mis aux mains d'Ino, sa tante, qui l'éleva avec le secours des Hyades, des

Heures et des nymphes jusqu'à ce qu'il fût à l'âge d'être instruit par les muses et par Silène.

Composition ornée de vingt-cinq figures, dans un paysage arcadien.

Composition, dessin, couleur blonde et transparente; rien ne manque à la beauté de cette œuvre.

Provenant de la collection de Smith père, de Londres.

Voir la note qui se trouve derrière le tableau.

Toile Haut., 1 mèt. 45 cent.; larg., 2 mèt.; 16 cent.

REMBRANDT

(VAN RYN)

34 — **Intérieur de boucherie.**

Un bœuf écorché et ouvert pend à des crochets. En arrière, divers accessoires et ustensiles de boucherie; à droite, au premier plan, dans la demi-teinte, la peau du bœuf. Au fond, un escalier dans une ombre transparente.

Monog. R et daté 1639.

Bois. Haut., 54 cent.; larg., 43 cent.

ROTTENHAMMER & Paul BRIL

35 — **Ronde d'amours.**

Dans un paysage, d'une exécution merveilleuse et du pinceau le plus précieux de Paul Bril, des amours, peints par Rottenhammer, dansent en rond, tandis que d'autres, placés sur un tertre, jouent de divers instruments.

Provenant de la galerie du comte de Turenne.

Cuivre. Haut., cent.; larg., cent.

RUYSDAEL

(JACQUES)

36 — **Paysage. (Étude.)**

Signé en bas, à droite, Ruysdael.

Bois. Haut., 40 cent.; larg., 55 cent.

STRY

VAN)

37 — **Vaches au bord de la Meuse.**

A droite, des ruines; à gauche, le fleuve couvert de barques, dont deux chargées de personnages.

Toile. Haut., 42 cent.; larg., 60 cent.

TAUNAY

(NICOLAS-ANTOINE)

38 — **Le Courrier de la paix.**

Un courrier sur un cheval blanc et portant un rameau d'olivier arrive au milieu d'un village, où il est entouré par les paysans.

Composition très-spirituelle exécutée à l'époque du traité d'Amiens.

Toile. Haut., 40 cent.; larg., 60 cent.

TENIERS

(DAVID)

39 — **La Sortie du cabaret.**

Signé à droite D. Teniers.

Bois. Haut., 31 cent.; larg., 39 cent.

TERBURG

(GÉRARD)

40 — **La Toilette de l'enfant.**

La mère, assise de profil à droite, toque noire sur le sommet de la tête, caraco marron brodé d'hermine, jupon rougeâtre, peigne sa petite fille, accotée à ses genoux. La petite, en corsage blanc, manches olive, tablier bleu, tient entre ses mains une pomme. Son œil fin se retourne impatiemment. Fond de lambris gris uni, avec quelques accessoires, une bouteille, un vase en grès.

La même composition, avec quelques changements, se trouve dans la riche galerie du baron Steingracht, à La Haye. Terburg a ceci d'assez particulier dans l'école hollandaise, qu'il a souvent fait des répétitions de ses tableaux. Ainsi il a répété trois fois la fameuse Robe de satin, gravée par Wille sous le titre : l'Instruction maternelle, et par Vaillant. Un de ces tableaux est au musée d'Amsterdam, n° 308; un autre, au musée de Berlin n° 791 ; le troisième, à la galerie Bridgewater, à Londres. Ainsi il a répété deux fois le Concert : l'un au Louvre, n° 528 ; l'autre, à la galerie d'Arenberg, n° 60.

Provenant d'une collection d'Utrecht.

Bois. Haut., 40 cent.; larg., 32 cent.

VERANDAEL

(N.-X.)

41 — **Le Bouquet de fleurs.**

Toile. Haut., 48 cent.; larg., 40 cent.

VERDUSSEN

42 — **Le Camp.**

Au premier plan, des cavaliers.

Signé, à gauche, Verdussen.

Toile. Haut., 30 cent.; larg. 37 cent.

VERDUSSEN

43 — **L'Abreuvoir.**

Au premier plan, des soldats font boire leurs chevaux. Dans le fond, on aperçoit le camp.

Signé, à droite, Verdussen.

Toile. Haut., 30 cent.; larg. 37 cent.

VERDUSSEN

44 — **La Rentrée à la ferme.**

Toile. Haut., 55 cent.; larg., 70 cent.

VERDUSSEN

45 — **Troupeau à l'abreuvoir.**

Dans une grotte, où se trouve une grande fontaine, différents animaux viennent boire.

Toile. Haut., 55 cent.; larg., 70 cent.

VERNET

(JOSEPH)

46 — **Marine. — Vue de la Méditerranée. (Le soir.)**

A gauche, des pêcheurs, hommes et femmes, causent entre eux. A droite, un pêcheur dans sa barque, armé de son trident, observe l'eau.

Dans le fond, un vaisseau de guerre à l'ancre.

Signé et daté : Vernet, 1772.

Toile. Haut., 32 cent.; larg., 40 cent.

VERNET

(JOSEPH)

47 — **Marine. — Le Coup de vent. (Le matin.)**

Au premier plan, à droite, sur un rocher, deux pêcheurs dont l'un retient son chapeau.

Signé et daté, à droite, Vernet, 1772.

Toile Haut., 32 cent.; larg., 40 cent.

VERNET

(JOSEPH)

48 — **Marine. — Effet de soleil couchant.**

A droite, près du rocher, des pêcheurs terminent leurs travaux et apprêtent le repas du soir ; à gauche, un quai chargé de canons, de ballots et d'oisifs. Un peu plus loin, des pêcheurs retirent leurs filets. Au deuxième plan, un vaisseau de guerre. Au centre, une barque sort du port; à droite, de grands rochers surmontés d'arbres. Ruines d'un temple, etc., etc.

Exécution magistrale.

Toile. Haut., 1 mèt. 15 cent.; larg., 1 mèt. 53 cent.

WEENIX

(JEAN-BAPTISTE)

49 — **Halte de chasseurs.**

Dans un paysage montueux, près du groupe principal, une ruine de colonnes cannelées et, dans le lointain, des traqueurs accompagnés du restant de la meute.

Toile. Haut., 93 cent.; larg., 73 cent.

?

(ÉCOLE HOLLANDAISE)

50 — **Fleurs.**

Sur une table de marbre, recouverte d'un tapis frangé, des fleurs dans un vase du Japon.

Toile. Haut., 73 cent.; larg., 59 cent.

?

(ÉCOLE HOLLANDAISE)

51 — **Fleurs.**

Pendant du précédent.

Toile. Haut., 73 cent.; larg., 59 cent.

?

52 — **Paysage (Entrée de forêt).**

Au milieu d'une forêt, un cavalier monté sur un cheval blanc s'est arrêté pour interroger un homme assis.

Bois. Haut., 44 cent.; larg., 56 cent.

INVITATION

A VISITER

l'Exposition Particulière

DES

TABLEAUX ANCIENS

DE LA

COLLECTION DE M. DE N***

Hôtel Drouot, Salle N° 1

LE SAMEDI 10 AVRIL 1869, DE DEUX A CINQ HEURES

Vente le Lundi 12 Avril 1869

CHARLES PILLET,
COMMISSAIRE-PRISEUR.

HARO,
PEINTRE-EXPERT.

www.ingramcontent.com/pod-product-compliance
Ingram Content Group UK Ltd.
Pitfield, Milton Keynes, MK11 3LW, UK
UKHW021929190726
13853UKWH00002B/941